Warum ich diesen T

Nach einer gescheiterten Ehe, sie da
und war über viele Jahre die Hölle, h
nur 6 Jahre, der Zufriedenheit und des Friedens bei meiner
Lebensgefährtin Gerda gefunden. Sie war ein gläubiger
Mensch und es ist ihr gelungen, dass ich mich nach langen
Jahren der Abstinenz wieder mit Religion überhaupt
beschäftigt habe. Dieser glücklichen Zeit folgten 2,5 Jahre
einer grausamen Krankheit, die meine Gerda befallen hat.[1]

Ihr unvorstellbares Leiden und Sterben in Folge der
schlimmsten aller Krankheiten, ALS, haben mich dazu
gebracht, mir Gedanken über den Sinn des Lebens zu
machen.

Gerdas Leiden war **SINNLOS!** Sie hat nichts Böses im Leben
gemacht. Nichts, was ein solches Leiden gerechtfertigt hätte.

Ihre Gebete gingen ins buchstäblich Leere. Sie hat weder
Resonanz noch Trost erfahren. Wo war hier ihr Gott?

Und trotzdem soll dieser Aufsatz keine Anklage sein.

Ich will auch niemanden seinen Glauben nehmen. Nur, so
wie wir es als Kinder erzählt bekamen, ist es nicht.

Der hier veröffentlichte Text erhebt nicht den Anspruch,
eine theologische Schrift noch ein philosophischer Aufsatz zu

---

[1] Siehe Wilm1 Der Neuanfang und Wilm2 Das Protokoll, in der ich näher auf diese scheußliche Krankheit eingehe.

sein. Er verlangt vom Leser auch keinerlei besondere theologische Kenntnisse. Das, was wir in der Schule im Religionsunterricht oder zu Hause gelernt haben, reicht völlig zum Verständnis aus.

Auch sind keine besonderen Kenntnisse in der Physik oder Astrophysik erforderlich, um diesen Text zu verstehen und sich mit seinen Aussagen zu beschäftigen. Ein normaler Bildungsstand, wie er auf unseren Schulen vermittelt wird, gibt die Möglichkeit, die hier getroffenen Aussagen zu verstehen und zu bewerten. Aber auch abzulehnen.

Es wird nicht versucht, die Welt zu erklären. Im Gegenteil, es wird gezeigt, dass sie letztlich von uns Menschen nicht verstanden werden kann und darum auch nicht erklärt und jeder Versuch an einem natürlichen Ende stoppt. Dieses Ende sind wir selbst. Gleichgültig wie schlau wir sind.

Auch der hochgeschätzte Stefen Hawkins war vor dieser Grenze nicht gefeit, konnte sie nicht überwinden. Trotz seines Genies.

Inhalt

Warum ich diesen Text verfasse 1

Vorspann 5

Eine kleine Bibelstunde 10

Der kindliche Glaube 11

Das Gottesbild in der Bibel 14

    Gott im Alten Testament 14

        Der Kriegsgott tötet 14

        Eroberung und Versklavung 16

    Im NT entsteht mit Jesus ein neues Gottesbild 20

        Mensch oder Gottessohn 21

        Jesus war ein Mensch 23

Das Gottesbild in der heutigen Zeit 28

    Der Verlust des Kindlichen Glaubens 28

    Das Überlebensprinzip 29

    Vom Sinn des Lebens 32

        Die Evolution als Gottes Werkzeug 34

        Einsam im Weltall ? 37

Die Existenz Gottes erklärt sich durch sich selbst. 39

    Die Grenzen unserer Erkenntnisfähigkeit 39

        Das Ende der Erkenntnis 41

        Der Glaube ist die Fortsetzung der Wissenschaft 43

        Und wo bleibt nun Gott? 46

Über den Autor 48

4

Vorspann

Ich melde mich als Wilm in der ICHFORM. Ich bin heute über 70 Jahre alt und reflektiere nicht nur über meine eigene Lebensgeschichte in der Vergangenheit. Auch in der Gegenwart und der Zukunft, also in der Zeit, die ich so als Mensch nicht mehr wahrnehmen werde.

Ich habe in meinen Leben erkennen können, dass es nichts gib,t was zufällig ist. Es gibt immer einen Sinn. Auch dann, wenn er sich dem Einzelnen für den Augenblick des Geschehens nicht erschließt. Vielleicht erst zu einem späteren Zeitpunkt, oft niemals. Doch manchmal kann man darüber spekulieren.

Einmal, in Frankfurt, als ich in der Offenbacher Landstraße in einem Apartment wohnte, hätte nicht nur meinem Leben einen völlig anderen Verlauf nehmen können. Ich hatte die Idee, Karins Vater nach seiner Tochter zu fragen. Karin und ich waren als Jugendliche ein Liebespaar gewesen. Sie war mit ihren Eltern vor über 50 Jahren nach Oberrad gezogen. Von meinem Apartment bis zum Haus ihrer Eltern waren es nur wenige Minuten. Hätte ich dieses Vorhaben in die Tat umgesetzt hätte, hätte sein können, dass sie mir selbst die Tür geöffnet hätte. Sie war frisch geschieden und hatte bei ihren Eltern eine erste Zuflucht gefunden. Karin und ich wären damals sehr schnell wieder ein Paar geworden. [2]

---

[2] Dieser Teil der Erinnerungen Wilm`s ist eine Auskopplung aus den Teilen 1 bis 4. Mit Karin verband ihn eine Teenagerliebe, die 55 Jahre später in einer Ehe ihre Vollendung fand. Zwischenzeitlich war er verheiratet und nach 40 Jahren geschieden und hatte 8 Jahre mit Gerda in einer harmonischen Lebenspartnerschaft gelebt. Gerda verstarb an der schlimmsten aller Krankheiten, der ALS.

Ich hätte meinen wirtschaftlichen Niedergang vermieden und könnte heute in einem gehobenen Wohlstand leben. Meinen Kindern und ihrer Mutter hätte es an nichts gefehlt. Mein Einkommen reichte zu dieser Zeit durchaus für zwei Familien.

Was hat mich abgehalten? Wollte ich meine Kinder nicht bei ihrer alkoholabhängigen Mutter zurück lassen? Wirtschaftliche Gründe gab es keine, es wäre eher vernünftig gewesen, betrachtet man den späteren realen Verlauf meines Lebens rückblickend.

Oder wollte Gott damals schon, dass Gerda nicht alleine und elend vor sich hin stirbt. Ihre Söhne und Schwiegertöchter hätten das nicht leisten können, was ich für meine Lebensgefährtin gemacht habe. Wären Karin und ich damals ein Paar geworden, so hätte ich niemals Gerda kennen gelernt. ER hatte damals wohl nicht nur mein Wohl im Sinn. Apropos Sinn, ist das vielleicht der Sinn meines Lebens, für meine Frauen uneingeschränkt da zu sein. So einfach? Warum aber musste diese arme Frau so maßlos unter dieser Krankheit leiden und sterben, damit ich mich dann zwei Jahre später in ähnlicher Weise um Karin kümmern konnte. Das war wohl mein vorgezeichneter Lebensweg, aber das ist sicherlich nicht der Sinn meines Lebens.

Über Gerda habe ich wieder einen Bezug zur Religion gefunden. Nicht in der bedingungslosen Gläubigkeit, wie sie, Gerda, es praktizierte und keinen Widerspruch duldete. Aber das wichtigste Gebot, das der bedingungslosen Nächstenliebe, nahm sie nicht so ernst. Soweit es sich um Andersgläubige handelte. Mit einem besonderen Akzent auf Muslime.

Aber noch vor ihrem Tod hat Gerda sich von ihrer starren Haltung abgekehrt und ist offener geworden. Sie hatte in einer ihrer Pflegerinnen, einer gläubigen Muslimin, erkennen können, dass die junge Frau an den gleichen Gott glaubte wie sie. Er hatte nur einen anderen Namen. Es sind nicht immer die gläubigen Menschen, die das Klima versauen. Die Organisationen sind es mit ihren Doktrinen.

Aber meine Schicksalsweichen wurden schon früher gestellt. Karin und mich verband Jugendliebe als Teenager. Mit dem Umzug meiner Eltern in den Westen der Stadt Frankfurt ist diese zu einem ungeplanten Ende gekommen. Auch Karins Eltern sind mit ihrer Tochter in den äußersten Osten Frankfurts gezogen. Damals war ich zusätzlich nicht besonders gut in der Schule (eigentlich war ich das nie), eine Ehrenrunde hatte ich ja schon gedreht. Jeweils eine Stunde Straßenbahnfahrt pro Richtung, diesen Zeitaufwand, um meine Freundin zu sehen, hätte mein Vater nie geduldet.

Und so kam die Zeit, in der ich zusammen mit meinen drei Freunden zur Tanzstunde wollte. Wir hatten verabredet, dass wir uns gemeinsam bei derselben Schule anmelden wollten. Wir hatten bereits zwei in die engere Wahl genommen, aber noch nichts entschieden. Aber zwei meiner Freunde hatten mich und meinen Freund Falk vor vollendete Tatsachen gesetzt und stolz verkündet, sich bei einer der beiden Tanzschule, welche in die engere Wahl genommen war, bereits angemeldet hatten. Über diese Eigenmächtigkeit waren Falk und ich so sehr erbost, dass wir uns aus Trotz genau bei der andern Alternativen angemeldet hatten.

Bei diesem Lehrgang hatte ich dann meine spätere Ehefrau kennen gelernt.

Wie wäre mein Leben verlaufen, wenn Falk und ich uns zusammen mit den beiden Anderen in einer Tanzschule angemeldet hätten, in der ich meine spätere Frau **nicht** kennen gelernt hätte.

Was wäre alles **nicht** geschehen?

Hat das wirklich Gott so geplant. Oder hat er nur einen Rahmen gesteckt, innerhalb dessen wir uns jeweils entscheiden konnten, um so unserem Leben eine selbstbestimmte Richtung zu geben. Haben wir wirklich einen freien Willen, über den wir Entscheidungen treffen können, die wir dann aber auch verantworten müssen?

Als kleine Kinder hatten wir es noch einfach. Wir hatten noch keine Entscheidungen zu treffen und auch keine Verantwortung zu übernehmen. Unser Weltbild war geordnet. Da gab es die Erde. Dort leben wir. Über uns ist der Himmel, da wohnt der liebe Gott. Da kommen wir hin, nachdem wir gestorben sind. Waren wir böse, also so richtig böse, war da noch die Hölle. Die war teif unten. Dort hat der Teufel dann die armen Seelen gegrillt. In alle Ewigkeit. Ja, die Seele. Dass wir unsere Form verändern, wenn wir gestorben sind, haben wir auch gelernt. Der Körper wird unter der Erde verrotten oder im Krematorium verbrannt. Damit was von uns bleibt, glaubten wir an die Seele. Die ist so was wie ein Geist. Aber doch schon irgendwie materiell. Oder nur existent. Nun wir wussten es damals nicht. Heute aber auch nicht. Obwohl es in jüngster Zeit Untersuchungen gibt, welche ein erstaunliches Phänomen aufzeigten. Mit einer komplizierten und extrem genauen Wiegevorrichtung hat man sterbende Menschen beobachtet und festgestellt, dass unmittelbar nach dem Eintritt des Todes, ein minimaler und unerklärlicher Gewichtsverlust zu verzeichnen war. Ist diese Differenz die Seele. Soweit wollte dann doch keiner der Wissenschaftler gehen. Dann müsste sie ja irgendwie auch materiell sein, also eine, wenn auch nur geringe Masse haben. Aus was besteht sie?

Wie kann das physikalisch erklärt werden?

Es gibt keine Erklärung. Zumindest keine, die wir uns vorstellen können. Oder man hat sie nur noch nicht veröffentlicht. Schlummern sie vielleicht in den Archiven des Vatikans.[3]

Aber davon handelt der nachfolgende Text.

Von dem was wir nicht verstehen.

Oder nicht verstehen dürfen

---

[3] Die Archive des Vatikans stehen im Verdacht, das dort Geheimnisse verwahrt werden, die nicht an die Öffentlichkeit gelangen dürfen. Diese dort gelagerten Informationen, könnten das erschüttern, was die Glaubensgrundsätze nach katholischer Lesart erschüttern könnten.

Eine kleine Bibelstunde

Bevor ich damit beginne, einige religiöse Dogmen in Frage zu stellen, will ich dem Leser doch noch einmal die Grundlagen der christlichen Glaubensgemeinschaften in Erinnerung bringen. Ich meine damit nicht nur die evangelische oder katholische Kirche, sondern auch pfingstlich orientierte Freikirchen, Ostergemeinschaften und solche, welche die Bibel wörtlich nehmen.

Der kindliche Glaube

Als Kinder hat man uns erzählt, dass Gott die Welt, so wie wir sie kennen, in sieben Tagen erschaffen hat. Er sorgt in dieser Erzählung dafür, dass aus einer Art Urmeer Land und Meer entstand. Er sorgte für Licht, in dem er die Gestirne am Firmament befestigte. Er hat alle Tiere im Wasser und in der Luft innerhalb eines Schöpfungstages entstehen lassen. An Land schuf er dann am 6. Tag Säugetiere und die Menschen. Den 7. Tag bestimmte er als Ruhetag, da er sich selbst auch ausruhen musste. So die Quellen, die Genesis.

Es entstand ein Weltbild, in dem oberhalb der Erde sich der Himmel befindet. Unter der Erde ist die Hölle. Jahrtausende herrschte dieses Weltbild in seinen wesentlichen Elementen in alle Kulturen vor, wenn auch schon in der Antike von einigen Gelehrten Zweifel angemeldet wurden. Sie konnten ihre Beobachtungen nicht mit diesem Weltbild in Einklang bringen.

Über alle dem thront Gott und achtet darauf, dass seine Gebote eingehalten werden, Sünder werden sofort streng bestraft.

Hat ein Mensch in seinem Leben nicht allzu viel gesündigt, so kommt er nach seinem Tod und einer kurzen Station im Fegefeuer, in den Himmel. Dort warten dann bereits seine Ahnen und Freunde, die vor ihm gegangen waren, auf ihn, um ihn freundlich zu begrüßen. Und das dann auf Ewig. Das Leben, wie es vertraut ist, wird einfach endlos fortgesetzt. Wobei keiner die Frage gestellt hat, wieso es dann da noch

Männer und Frauen gibt. Eine Fortpflanzung ist in der Ewigkeit nicht vorgesehen. Ausnahme: die muslimischen Selbstmordattentäter, auf die ja 7 Jungfrauen warten. Aber wohl nicht zur Fortpflanzung, es sei denn, sie gebären neue Jungfrauen, damit diese nichtknapp werden.

Dieses Weltbild, einschließlich des Himmels, hat man über Jahrhunderte den Menschen, besonders der einfachen Bevölkerung, so erzählt und versprochen. So wurden Generationen von ländlicher Bevölkerung und einfachen Leuten in den Städten klein und widerspruchslos gehalten. In der Hoffnung auf Gotteslohn im Himmel haben sie sich versklaven, in Leibeigenschaft zwingen, ausbeuten und unterdrücken lassen.

Die Menschen hatten dabei ein Vaterbild Gottes vor Augen, so wie es in Wand- und Deckenmalereien in den Kathedralen der Kirchen zu finden ist. Klassisches Beispiel: die Erweckung Adams von Michelangelo im Petersdom zu Rom.

Jahrhunderte lang waren die Menschen damit glücklich. Doch dann begannen einige Gelehrte wie Keppler, Galileo und andere ihren Zweifel öffentlich zu äußern. Die Katholische Kirche hat vehement versucht diese Entwicklung zu unterdrücken. Die Inquisition zog wie eine Feuerwalze über das Land. Vergebens. Das Weltbild geriet ins Wanken und ist zusammengebrochen. Aus den Scherben entstanden das Bild der Welt und die Bedeutung unserer Erde in einem Gesamtgefüge, so wie wir es heute kennen. Es ist ausschließlich durch den Erkenntnisstand der heutigen Wissenschaft begrenzt.

Aber vielleicht werden diese Grenzen auch irgendwann durchbrochen und durch andere, die wir uns heute noch nicht vorstellen können, ersetzt.

Heute ist in diesem Weltbild kein Platz mehr für einen realen Ort, den man Himmel nennen könnte. Wo sind unsere Vorfahren und all die Menschen, die uns durch ihren Tod verlassen haben, geblieben.

Nicht wenige Menschen aber wollen sich ihren kindlichen Glauben nicht nehmen lassen und ignorieren einfach die Wirklichkeit der Astrophysik.

Blenden diese einfach aus.

Glücklich sind sie, die das einfach können.

Das Gottesbild in der Bibel

Gott im Alten Testament

Der Kriegsgott tötet

Im Alten Testament ist der Liebe Gott gar kein so lieber Gott. Er ist ein strafender und rachsüchtiger Kriegsgott.[4] Sein für mein Verständnis wichtigstes Gebot bricht er ständig selbst:

DU SOLLST NICHT TÖTEN.

Ich verstehe das bedingungslos. Neben den zehn Geboten sind in der Bibel etliche Vergehen aufgezählt, für welche die Todesstrafe festgelegt ist. Das widerspricht dem eigenen Gebot.

Einige Interpreten tun sich leicht damit, sie ersetzen einfach töten durch morden. So erreichen sie eine Abschwächung des Verbotes bis hin zum nicht töten ohne hinreichenden Grund. Irgendwie mussten sie sie das auch hinbekommen, denn Gott der Juden ist ein Kriegsgott, der mit seinem Schwert in der ersten Schlachtreihe des Heeres voranschreitet.[5] Hier sei am Rande vermerkt. das ist das Alte Testament. Unter Jesus sieht das ganz anders aus. Hier fassen diese Interpretationsversuche nicht mehr. Im Alten Testament ist Gott, ein Gott des Hasses, im Neuen Testament ein Gott der Liebe. Aus dem König und Feldherr wird der sich liebevoll sorgende Vater.

Im AT wird von der Vernichtung ganzer Volksgruppen durch göttliches Handeln berichtet.

---

[4] «Jahwe ist ein Mann des Krieges; Jahwe ist sein Name» (2. Mose, Kapitel 15, Vers 3).
[5] 2.Chronik 13:12, 5.Mose 20:4

In den 5 Büchern des Mose gibt es viele Straftaten, die mit dem Tod bestraft werden sollen, wie: Mord und Totschlag, Anbetung fremder Götter, Inzest, Ehebruch, ja sogar das Holzaufsammeln am Sabbat und etliches mehr. Warum wurden dann Mörder oder Ehebrecher wie Kain, Mose oder David[6] nicht hingerichtet oder von Gott bestraft? Im gegenteil, sie wurden ausgezeichnet und sind zu den zentralen Gestalten und Führungspersönlichkeiten der Bibel hervorgehoben.

Das ist nur eine kleine Auswahl von Ungereimtheiten, die den modernen Menschen an Gott zweifeln lassen.

Am Gott der Alten Testaments.

Gäbe es da nicht das Neue Testament, in dem von einem ganz anderen Gott berichtet wird.

---

[6] Kain erschlug bekanntlich seinen Bruder Abel, Mose den Sklavenaufseher und der gute David war, bevor er sich an einem König hof ein schleimte ein Strauchdieb, der den Lebensunterhalt für sich und seine Kumpane durch Raubzüge bestritt.

Eroberung und Versklavung

Wir kennen alle die Geschichten vom Auszug des Volkes Israel aus Ägypten. Eindrucksvoll verfilmt in Hollywood. Diese, ich will sie mal Erzählung nennen, gibt in den Büchern Mose einen eindrucksvollen Einblick in das Leben des Volkes Israel mit seinem Gott. Mehr tot als lebendig ziehen sie los, aus der Versklavung durch die Ägypter. Ausgemergelt und geschunden in Körper und Geist. Ihr Ziel ist das gelobte Land, das ihr Gott ihnen zum Eigentum für alle Zeiten als neue Heimat versprochen hat. Nur der Glaube daran hat sie alle die Knechtschaft über Generationen ertragen lassen.

Der direkte Weg führt über den Sinai nach Palästina, dort wo auch heute im wesentlichen Israel liegt. Eine Strecke, die man auch mit den Möglichkeiten der damaligen Zeit locker in einigen Wochen hätte bewältigen können. Nicht jedoch das geschundene Volk. Der ganze Tross ist, von ihrem Gott geführt, 40 Jahre durch die Wüste des Sinai gezogen. Oder sollte man sagen geirrt. Warum? Waren sie zu dumm dazu oder lag da eine Absicht vor? Eine menschliche, strategische Entscheidung?

Es gibt eine ganz einfache Erklärung dafür. An den Grenzen zum Gelobten Land kam die Enkelgeneration der ausgemergelten und geschundenen Menschen an, die vor ihrem Reiseantritt unter der ägyptischen Knechtschaft gelitten hat. Junge und kräftige Männer, die in schlagkräftigen Heeren der einzelnen Sippen, der zwölf Stämme Israels, als Soldaten ausgebildet und zum Kampf bereit waren. Das war auch nötig. Das Gelobte Land war keine menschenleere Region, sondern hatte für ein Nomaden- und Hirtenvolk, welches die Israeliten damals waren, fruchtbare Böden, saftige Weiden und eine gute Wasserversorgung anzubieten.

Ideale Siedlungsvoraussetzungen.

Wären da nicht die Bewohner, die auch über Generationen dort zu Hause waren und ihre Heimat nicht verlassen wollten, nicht freiwillig. Teilen wollten sie auch nicht, warum sollten sie auch.

Mose hat noch die Ankunft an den Grenzen des Gelobten Landes erlebt. Da er aber zusammen mit seinem Bruder Aaron sich versündigt hatte und einst ein Wunder, das Gott vollbrachte, für sich in Anspruch nahm,[7] durfte er das Gelobte Land zwar sehen aber nicht betreten. So hat er mit dem Wissen, um seinen baldigen Tod mit 120 Jahren, die Führung an Josua abgegeben.

Das, was die Israeliten unter Führung von Josua in Kanaan antrafen, war ein bereits besiedeltes Land. Die Bevölkerung wolle ihre Heimat nicht aufgeben. Sie machten auch zkeine Anstalten, sie aufzugeben. Josua führte die Israeliten in einem Blitzkrieg, wie wir ihn nur aus der Neuzeit kennen, durch das Land. Er eroberte Städte, Festungen und besiegte Herrscher mit schlagkräftigen Söldnerarmeen.

Gott ging, in den biblischen Berichten, in der ersten Reihe des Eroberungsheeres voran und vernichtete mit seinem auserwählte Volk das ganze Land, von der Wüste im Süden bis zu den Gipfeln des Hermongebirges. Das Vorangehen war nicht wörtlich zu nehmen, aber die Israeliten glaubten ihren Priestern, die ihnen dies predigten und damit ihre

---

[7] Inder Wüste litt das Volk unter großem Wassermangel. Mose schlug mit einem Stock gegen einen Felsen und es entsprang eine Quelle frischen Wassers. 2. Mose 17:5 und 6

Kampbereitschaft durch ihren Wunderglauben erheblich stärkte. Die Eroberung allein war aber nicht genug. Gott forderte die totale Vernichtung der Einwohner, besonders die Altäre anderer Götter, die das Heer der Israeliten bei ihrem Raubzug antraf. Das Volk Gottes sollte alles auslöschen, damit es nicht in Versuchung geriet, den Göttern der Eroberten zu huldigen: "Du sollst nichts leben lassen, was Odem hat."[8] Sie hinterließen eine Blutspur des Todes und des Verderbens.

Der Gott des AT hat sehr menschliche Charakterzüge. Man könnte fast sagen, er ist nach dem Ebenbild des Menschen geraten und nicht wie es in der Genesis heißt, der Mensch nach dem Abbild Gottes. Gott ist in seiner Macht und seinem Verhalten den Menschen gegenüber doch den absoluten Herrschern der Menschheit, überall in der Welt, sehr ähnlich. Oder die menschlichen Tyrannen dem Gottesbild.

Wenn man die Geschichte betrachtet, so jagt es uns einen Schauer nach dem anderen über den Rücken. Aber das Ganze lässt sich nur unter dem Bezug auf das Welt- und damit Götterbild der damaligen Zeit erklären. In die heutige Zeit transportiert fallen mir einige Parallelen auf, denke ich an das heutige Israel im Verhältnis zu seinen Nachbarn. Aber das ist nicht Thema dieser Abhandlung.

Mit den bisher geschilderten Berichten ist natürlich nur ein kleiner Teil des Alten Testamentes erfasst. Das AT ist in weiten Teilen ein Geschichtsbuch, in dem davon berichtet wird, wie Gott auf die Geschicke seines Volkes einwirkt.[9] Er tut dies mit Vorschriften, die das menschliche Zusammenleben regeln. Es folgt aber immer die Androhung

---

[8] 5. Mose/Dtn. 20,16-18
[9] Warum ist nicht die Menschheit gemeint. Das Volk Israel ist zu dieser Zeit nur ein verschwinden kleiner Teil der gesamten Weltbevölkerung.

von drakonischen Strafen, bis hin zur Todesstrafe, wenn die Gebote nicht eingehalten werden. Gott bestraft, gnadenlos: den einzelnen Menschen, die Sippe in Sippenhaft, ganze Ansiedelungen (Sodom und Gomorra), aber auch fast seine ganze Schöpfung mit der Sintflut.

Es werden auch Biographien einzelner Menschen berichtet, die aufzeigen wie ein gottgefälliges Leben auszusehen hat.

Die bekannteste Biographie ist die Lebensgeschichte von David, auf den sich per Abstammung spätere Generationen von Juden beziehen. Auch Jesus wird in der Ahnenfolge auf David gesehen. Dabei ist Gott David, abweichend von seiner sonst so strengen Haltung, sehr nachsichtig. David war Bandenchef und hat Raubzüge angeführt, war mehrfacher Ehebrecher und Bigamist. Aber auch Autor der Psalmen, die einen größeren Teil des AT ausmachen.

Im NT entsteht mit Jesus ein neues Gottesbild

Wird Gott im AT als strenger König oder Herrscher angesehen, der seine Schutzbefohlenen teilweise drastisch bestraft, wenn sie seine Gebote nicht befolgen, so wandelt er sich im Neuen Testament zum liebenden und alles verzeihenden Vater. Sofern der Mensch von ganzem Herzen seine Sünden bereut, wird ihm vergeben.

Mensch oder Gottessohn

Wenn wir an Jesus Christus denken, so verbinden wir seinen Namen immer mit dem Begriff „Gottes Sohn" oder „Sohn Gottes". Gott wird dabei immer als Vater angesehen. So lesen wir es im Neuen Testament.

In vielen Religionen des Altertums ist „Sohn Gottes" ein Ehrentitel. Im antiken Ägypten wird der Pharao als Sohn des Gottes Amun bezeichnet. Alexander der Große wurde als Sohn des Zeus verehrt. Nach Cäsars Tod erhob sich Augustus zum Sohn Gottes. In dessen Folge die Apotheose[10] auch in die vorchristliche Zeit für das römische Kaisertum galt.

Selbst im christlichen Mittelalter findet sich eine Abwandlung dieses Begriffs. So leiteten die **Karolinger und Ottonen** ihren Herrschaftsanspruch ab von Gottes Gnaden. Eine durch göttliche Gnade verliehene Herrschaft hat ihren Ursprung in dem spätantiken christlichen Königsbild des *rex iustus*, des „gerechten Königs".

Alles in allem kann man durchaus sagen, dass Sohn Gottes eine durchaus gebräuchliche Hoheitsbezeichnung für Jesus war. Das Judentum wartete auf den von Gott gesandten Messias. Auch das Urchristentum bezog diesen Titel aus dem Alten Testament exklusiv auf Jesus von Nazaret. Damit wird das einzigartige Verhältnis zum Gott Israels ausgedrückt. Aber auch Christus, der Gesalbte, oder auch nur einfach Herr sind gleichwertige

---

[10] **Apotheose** (altgriechisch ἀποθέωσις apothéōsis „Vergottung") ist die Erhebung eines Menschen zu einem Gott oder Halbgott.

Hoheitstitel, mit denen Jesus angesprochen wurde. Dieser Titel taucht in den meisten Schriften des Neuen Testamentes auf.

Allerdings fehlt diese Bezeichnung in einigen Briefen, so z.B.: „2. Thessalonicherbrief, Jakobusbrief, 1. Petrusbrief.

Jesus selbst hat sich selbst nie als Sohn Gottes bezeichnet. Haben andere ihn so angesprochen, so hat er dieser Bezeichnung nie widersprochen, sondern sie an einigen Stellen[11] quasi bestätigt. Er selbst bezeichnet sich vielmehr als „Menschensohn". Diese Bezeichnung erscheint im Neuen Testament 88 Mal.

Im Aramäischen, der Sprache, die Jesus sprach, bedeutet Menschensohn einfach nur Mensch. Wenn Jesus sich als Mensch bezeichnet, so nimmt er Bezug auf den AT-Text zum Propheten Daniel (7,13) in dem es heißt: »*Es kam einer mit den Wolken des Himmels wie eines* Menschen Sohn.« Gemeint ist der Messias, als den sich Jesus selbst gesehen hat.

---

[11] Johannes 10,30, Mathäus 16,16-17 und 26,63-64

Jesus war ein Mensch

Es ist mir völlig egal, ob Maria von Josef schwanger wurde oder von einem anderen Mann, einem römischen Legionär vielleicht, wie manche vermuten. Ein Mann muss es gewesen sein. Auch wenn Josef in mancher Weihnachtsgeschichte als alter Mann beschrieben wird, er muss *es* noch gekonnt haben, denn Jesus hatte laut Neuem Testament ja etliche, nach ihm geborene Geschwister, gehabt. Auch wenn Josef nur als Marias Verlobter beschrieben wird. Warum *sollte* er nicht?

Das haben Männer zu allen Zeiten gemacht. Auch außerhalb der Ehe. Es ist eine für die Menschen als Gattung überlebenssichernde Notwendigkeit.

Wäre da noch der Engel, der Maria die Empfängnis verkündete. Dann aber war es vielleicht doch der römische Legionär, der sich als Engel ausgegeben hatte und mit diesem Trick bei vielen palästinensischen Jungfrauen schon Erfolg hatte.

Es gibt keine Jungfernzeugung beim Menschen, also die Vervielfältigung einer Art aus nur einem Chromosomensatz einer einzigen Eizelle. Jedes Chromosom kommt in einer Zelle zwei Mal vor. In Keimzellen, also Ei und Sperma, nur einmal. Erst durch den Vorgang der Vereinigung von Ei und Sperma entsteht eine Keimzelle mit vollem Chromosomensatz, aus dem dann das neue Lebewesen entsteht. Ohne diesen Vorgang, also eine Reproduktion aus einer unbefruchteten Zelle, wäre Jesus eine Frau gewesen mit zwei gleichen geschlechtsbestimmenden Chromosomen, wie sie bei einfacher Zellteilung entstanden wären.

Männliche Spermien verfügen über zwei unterschiedliche geschlechtsbildende Chromosomen, der x oder y Chromosomen. Sie sind Vorrausetzung für die Entstehung eines männlichen Embryos und die eine Frau in dieser Kombination nicht alleine bieten kann. Gott kann zwar alles, aber warum hätte er seinen eigenen Schöpfungsplan ändern sollen? Man könnte diesen Plan auch modern als einen Teil der Evolution bezeichnen, die den Weg der *„eingeschlechtlichen"* Fortpflanzung, also ausschließliche 1:1 Reproduktion, schon früh als ungeeignet verworfen hat. An anderen Stellen sehen wir auch noch, dass die Evolution Gott nicht abgeschafft hat, sondern sich als geniales Werkzeug Gottes herausstellt.

Wenn die katholische Kirche und andere, vor allem Sekten, von der unbefleckten Empfängnis reden, so ist dieser Begriff schon eine Unverschämtheit in sich selbst. Dann wäre Sex ja was schmutziges, etwas was man nicht tun darf. Nur muss. Und Spaß darf es auch keinen machen.

Stimmt nicht!

Einvernehmlicher Sex zwischen zwei gleichberechtigten Partnern, gleich welchen Geschlechtes, ist nichts Verwerfliches und Spaß darf er auch machen. Allerdings geht bei gleichgeschlechtlichen Partnern sein eigentlicher Sinn verloren. Das sollte man bei aller Toleranz nicht vergessen.

Ohne Sex gäbe es kein Leben auf der Welt, Sex ist nicht nur Voraussetzung für das Leben, Sex ist der Sinn des Lebens.

Wichtig aber ist, dass im Alter von 30 mit diesem Menschen, Marias Sohn, etwas passiert ist, was nach nur dreijähriger Lehrtätigkeit, die Welt nachhaltig verändert hat. Alleine nur mit der Einhaltung seiner wichtigsten Forderung, könnte die Welt im totalen Frieden leben: *Liebe deinen Nächsten*. Und der Nächste ist nicht nur der Gleichgesinnte von neben an, es ist jeder damit gemeint, gleich welchen Geschlechts, ethnischer Herkunft, Religion und Weltanschauung. Ja, auch der persönliche Todfeind, sei es eine Einzelperson oder ein Volk.

Jesus spricht zwar vom Vater, wenn er Gott meint, von sich aber nicht als Sohn Gottes, so wie er Josefs Sohn war. Andere machen ihn dann später zum Gottessohn. Er selbst nennt sich immer nur den Menschensohn. Mit dieser Bezeichnung charakterisiert und bekennt er seine Herkunft als Mensch, der aber dann von Gottes Geist beseelt ist und diesen Geist denen, die ihm nachfolgen, weiter gibt:

Meinen Frieden lass ich Euch:[12]

Wenn andere Ihn als Sohn Gottes bezeichnen wollten oder Jesus fragten ob er dies sei, so hat er an keiner Stelle im neuen Testament diese Frage direkt bejaht. Er hat sie aber auch nicht verneint. Er hat diese Bezeichnung zugelassen, soweit sie ihn als den Messias legalisiert. Dass er der Messias sei, daran hat er keinen Zweifel gelassen.

Jesus war von der Zeugung bis zum Sterben ein Mensch. Ein Mensch der auch Angst vor dem Sterben hatte. Er wäre froh gewesen, wenn der Kelch an ihm vorbei gegangen wäre.[13] Er

---

[12] Johannes 14
27Den Frieden lasse ich euch, meinen Frieden gebe ich euch. Nicht gebe ich euch, wie die Welt gibt. Euer Herz erschrecke nicht und fürchte sich nicht. 28Ihr habt gehort, daß ich euch gesagt habe: Ich gehe hin und komme wieder zu euch. Hättet ihr mich lieb, so würdet ihr euch freuen, daß ich gesagt habe: "Ich gehe zum Vater"; denn der Vater ist größer als ich....

Johannes 15
15 Liebt ihr mich, so haltet meine Gebote! 16 Und ich will den Vater bitten, und er wird euch einen anderen Beistand[1] geben, daß er bei euch bleibt in Ewigkeit, 17 den Geist der Wahrheit, den die Welt nicht empfangen kann, denn sie beachtet ihn nicht und erkennt ihn nicht; ihr aber erkennt ihn, denn er bleibt bei euch und wird in euch sein.

war sich aber auch seiner Aufgabe bewusst und stand zu dem, was er gelehrt und gelebt hatte. Nur wirklich große Menschen tun das und stehen auch mit ihrem Leben dafür ein.

Da dies keine katholische Schrift ist, darf hier der Hinweis erlaubt sein, dass es Quellen gibt, die es annehmen lassen, dass es auch in Jesus Leben eine Frau gab. Diese Quelle sind nicht öffentlich zugänglich und werden es auch nicht sein, solange die katholische Kirche am Zölibat krampfhaft fest hält. Was hätte es ausgemacht, wenn Jesus verheiratet gewesen wäre. Das hätte den Inhalt seiner Lehre in keiner Weise gemindert. Der Zustand seiner Menschlichkeit wär dadurch allerdings verfestigt worden. Aber darauf kommt es bei Jesus Lehre nicht an. Der Inhalt hätte genau die gleiche Wirkung gehabt. In der heutigen Zeit wäre sie eher verstärk worden.

Der Mensch Jesus war ein gläubiger Jude, der nicht vorhatte eine Weltreligion zu gründen. Er wollte den Glauben an Gott in seiner Zeit reformieren. Er legte durchaus strenge Maßstäbe an. Er hielt sich dazu berufen, in seiner menschlichen Person für Gott zu sprechen. So sind seine Anweisungen, die mit „Ich aber sage Euch …" beginnen zu verstehen. Allerdings war für ihn Gott die Autorität, der sich alle zu unterwerfen hatten und die über jeglichen Zweifel erhaben ist.

Im Judentum der frühchristlichen Zeit hatte der Vater die autoritäre Position des Familienoberhaupts. In seinem Haus nahm er die Aufgaben eines Priesters war und hatte das Recht, alle Familienmitglieder zu bestrafen. Er war aber auch Beschützer, Ernährer und Erzieher. Das Erbe

---

[13] Mathäus 26,36-46

geht von Vater auf den Sohn über. Auch die Mutter hat beschützende, ernährende und erziehende Aufgaben und ist in der Familie die erste. Die Kinder sicherten den Fortbestand der Familie, hatten aber auch die Altersversorgung der Eltern zu sichern.

Gott als Vater zu bezeichnen entstammt dem Abbild des Lebens in der Familie und entspricht der frühjüdischen Tradition von Treue und Liebe und spiegelt die Autorität Gottes wieder.

Verbindung von göttlicher Herrschaft und Vaterschaft findet zeitgleiche Parallelen im griechisch sprechenden Judentum sowie in der griechischen und römischen Religion (Zeus als „Vater" und „König"; Jupiter als herrschender und helfender „Vater") als auch in der römischen Kaiserideologie, die das Ideal des väterlich agierenden Regenten im gesamten römischen Reich propagierte.

In der Verwendung des Begriffs „Vater" für Gott ist für das frühchristliche Gottesverhältnis typisch. Sowohl die autoritäre als auch liebend zugewandte Seite Gottes wird damit abgebildet.

Im Aramäischen bedeutet „abba" Vater. Jesus Muttersprache ist Aramäisch. Er verwendet den Begriff „abba" in seinen Gebeten und meint damit Gott. Das ist in dieser Zeit eine durchaus gebräuchliche anrede für Gott.

Sie hat nichts mit der biologischen Beziehung von Vätern zu Kindern zu tun.

Das Gottesbild in der heutigen Zeit

Der Verlust des Kindlichen Glaubens

Was war das doch eine schöne Zeit, als wir unbekümmert unseren *Kindlichen Glauben* hatten. Über uns der Himmel mit dem liebenden und verzeihenden Gott des NT, der wie ein Vater über uns wacht und uns vor Schaden behütet. Die Angst vor dem Tode ist uns genommen, denn wir glaubten in eine Parallelwelt zu gelangen, in der wir all unsere Lieben wiederfinden, so wie wir sie in Erinnerung haben. Sie warten dort auf uns.

Leider gibt es diese Parallelwelt so nicht. So wie der Weihnachtsmann nicht am Nordpol lebt. Er ist heute ein Angestellter von Amazon und seine Rentiere heißen DHL, DPD, UPS und Hermes. Dort wo der Himmel einst war, ist das Weltall mit eine unvorstellbaren Zahl an Sonnen in genau so unzählbaren Galaxien. Das wissen wir heute nahezu unabhängig von unserer Schulbildung.

Gott ist nicht die Gestalt aus dem Deckengemälde der Sixtinischen Kapelle. Er ist existent, aber er ist etwas anderes. Etwas was wir nicht (be)greifen können. Der nachfolgende Text handelt davon.

Das Überlebensprinzip

Wir müssen nicht wissen *"was die Welt im Innersten zusammenhält*[14]*"*. Genauso wenig muss dies die amerikanische Rinderzecke wissen. Damit sie überleben kann, muss sie nur den Geruch einer speziellen Rinderrasse kennen und einen Baum, auf dem sie auf ihr Opfer, das Rind, lauert.

Nicht mehr aber auch nicht weniger. Damit ist dann auch ihre Erkenntnisfähigkeit ausgeschöpft.

Sie kennt keine anderen Lebewesen, keine Städte, nicht das Meer und auch nicht die Pyramiden von Gizeh. Das braucht sie nicht zum Überleben. Sie muss nur das Rind erkennen, auf das sie sich fallen lässt, sobald es sich unter dem Baum befindet, um sich an dessen Blut satt zu saugen. Danach klettert sie wieder auf einen Baum und wartet bis sie wieder hungrig ist.

Sie muss aber auch noch ihren Geschlechtspartner erkennen können, damit ihre Art nicht ausstirbt. Wenn sie dann also auf dem Weg wieder zurück auf ihren Baum als Männchen auf ein Weibchen trifft, dann …

Die Erkenntnisfähigkeit der Zweck reicht aus, das eigene Überleben zu sichern. Gesichert ist damit auch das Überleben der Art, die dadurch vor dem Aussterben gerettet ist. Beim Individuum ist damit allerdings das natürliche Altern mit dem Tod als Folge nicht aufgehoben. Die Gattung

---

[14] Goethe: Faust I

Zecke überlebt, solange es ausreichend Individuen der gleichen Art in unterschiedlichen Geschlechtern gibt.

Wenn für unser Überleben dazugehört, dass wir wissen müssen, wie man fremde Planeten besiedelt und dort Terra-Forming betreibt, so hat Gott das für uns vorgesehen. Dann haben wir die dafür erforderlichen Kenntnisse im Laufe der Jahrtausende erworben. Wir hatten von Anfang an die Fähigkeit, uns das Wissen anzueignen und anzuwenden. Das gehört dann zu unserer Evolution, zu den Notwendigkeiten, die wir zum Überleben brauchen. Das hat nichts mit dem Apfel vom Baum der Erkenntnis im Paradise zu tun. Diese Geschichte der Verführung Adams durch Eva beschreibt jedoch auf eine andere, gleichnishaft Art, den gleichen Prozess.

Nun gibt es auf unserem Planeten Lebensformen, bei denen es nicht so einfach ist wie bei der Rinderzecke. Je komplexer und entwickelter das Lebewesen ist, umso mehr gehört dazu, um zu überleben. Gut riechen können reicht da nicht. Dabei bleiben jedoch die Grundvoraussetzungen die gleichen:

> Alle müssen Nahrung aufnehmen und brauchen dazu genau die Fähigkeiten, die es ihrer Art möglich macht, dieses Grundbedürfnis zu befriedigen,

> und alle müssen sich Fortpflanzen, damit die Art nicht ausstirbt. Man könnte also sagen **Sex ist genauso wichtig wie Nahrungsaufnahme**.

Ergo, alle brauchen also genau die Fähigkeiten, die notwendig sind, damit sie Nahrung aufnehmen können und ihren Sexualpartner zu finden.

Allerdings ist unser Überleben, soweit es die Nahrungsaufnahme betrifft, eine recht grausame Angelegenheit. Es gibt die berüchtigte Nahrungskette oder Pyramide an deren Spitze der Mensch steht. Jede Ebene dieser Pyramide ernährt sich von der unter ihr liegenden Schicht.

Wir leben, in der überwiegenden Zahl, vom Tod der Lebewesen, die unter uns sind. Das können auch die Veganer nicht verhindern und an diesem Prinzip etwas nachhaltig ändern. Zu unserer gesunden Ernährung gehört nun mal tierisches Eiweiß, das nicht gleichwertig durch pflanzliches ersetzt werden kann.

Ob wir allerdings so viel Fleisch essen müssen wie der Durchschnittsbürger das tut, ist eine andere Frage. Die Menge des Fleisches, das wir zu uns nehmen erhöht nicht unsere Überlebenschance, das Gegenteil ist schon eher der Fall.

Vom Sinn des Lebens

Schon immer haben die Menschen nach dem Sinn des Lebens gefragt und viele Philosophen zu diesem Thema bemüht. Aber so richtig hat das keiner erklären können. Bestenfalls haben wir uns Regeln gegeben, die unser Zusammenleben erträglich machen und die natürliche Aggression gegen den Artgenossen eindämmen.

Nehm wir zum Beispiel eine Herde Pferde auf der Weide. Die einzelnen Tiere grasen friedlich dahin, haben von Zeit zu Zeit Sex und gebären junge Pferde, die dann wiederum auf der Weide grasen. Während sie fressen, müssen sie sich fortbewegen, sonst zerstören sie ihre Nahrungsgrundlage, wenn sie alles kahl fressen. Man könnte sagen, sie haben gelernt, wenn sie nicht den Weideplatz stetig wechseln zerstören sie ihre Nahrungsgrundlage und werden verhungern und in der Folge aussterben. Ihr sich Fortbewegen kommt dabei einer Arbeit gleich. Sie wenden Kraft auf, um einen bestimmten Weg zurück zu legen. Kommt irgendwie aus der Physik[15] bekannt vor. Und irgendwann sterben sie. Sie werden gefressen oder krank. Die Schlauesten und Gesündesten unter ihnen sterben an Altersschwäche. Sie haben dabei über den Zeitgewinn auch mehr Gelegenheit ihre Gene weiter zu geben. Auf diese Weise sichern sie den Fortbestand der Art und ermöglichen in gewissem Umfang auch ihre Weiterentwicklung, in dem sie sich an die sich ändernden Verhältnisse in ihrer Umwelt anpassen können.

---

[15] Arbeit = Kraft * Weg

Was ist bei ihnen der Sinn des Lebens? Bestimmt nicht dem Menschen zu dienen. Am ehesten dann vielleicht noch von anderen gefressen zu werden.

Ich glaube allerdings nicht, dass es ein Lebenssinn ist, von einem anderen gefressen zu werden.

Und wie ist das bei uns Menschen?

- Wir werden geboren.
- Lernen, um zu arbeiten, damit wir unseren Lebensunterhalt verdienen können.
- Haben Sex.
- Gebären neue Menschen.
- Sterben.

Der gleiche Kreislauf, wie bei den Pferden auf der Weide. Die Unterschiede sind nur marginal.

Wir haben Ethik und Gesetze. Wozu dienen die? Damit wir uns nicht gegenseitig ausrotten und unsere Art erhalten bleibt.

Solche Regeln haben alle Lebewesen. Es sind ihre angeborenen Verhaltensweisen, z.B. Schnelle Flucht zu Land, Wasser oder in der Luft. Oder Beißhemmung bei Demutshaltung, die es verhindert, dass sich eine Art ausrottet.

Bei uns Menschen fehlen diese arterhaltenden Hemmungen. Sie sind zumindest minder ausgeprägt. Wir haben dafür Regeln und Gesetzte geschaffen, religiöse Vorschiften oder Strafgesetze. Sie hindern uns daran uns gegenseitig zu schaden. Meistens klappt das auch. Vielleicht ist unser Lächeln gar nicht das, nachdem es aussieht. Vielleicht ist das Lächeln eher ein Zeigen der Zähne, eine Drohgebäre, die sagen will, bleib bitte von mir fern. Wenn wir ehrlich sind, so müssen wir uns eingestehen, dass wir bei einem Witz immer über das Unglück lachen, das einem Anderen zugestoßen ist. Je größer der Schaden ist, der einem Anderen zugestoßen ist, umso mehr und lauter lachen wir.

Ist dann nicht die Arterhaltung, das eigentliche Ziel unseres Lebens, ergänzt um das Bestreben, die Art in sich zu verbessern?

Das hat in der Vergangenheit nahezu unbemerkt stattgefunden und findet immer noch statt. Eine der Voraussetzungen, dass die Art erhalten bleibt ist die Fortpflanzung. Die Art kann nur weiter bestehen, wenn genügend Nachkommen gezeugt werden.

ES LEBE DER SEX.

Charles Darvin hat als erster beschrieben, was wir als Evolutionstheorie kennen. Sogleich hat es einige auf den Plan gerufen, die behaupteten, damit wäre Gott abgeschafft. Sie haben dabei übersehen, dass die Evolution Gottes Plan ist. So hat er die Schöpfung gestaltet. Die Genesis des Alten Testaments ist ein Symbolmärchen, mit dem die Menschen der damaligen Zeit sich die Entstehung der Welt haben erklären konnten.

Erstaunlich ist, dass in der Genesis einige Tatsachen auf kindliche Weise beschrieben sind, die einen wissenschaftlichen Hintergrund haben können. Wir wissen heute, dass die Aminosäuren die Grundlage des Lebens, so wie wir es kennen, bilden. Ohne sie gäbe es kein Leben. Auf unserer Erde hat es in ihrer Entwicklungsgeschichte eigentlich keine Aminosäuren gegeben. Sie konnten hier nicht entstehen und mussten daher von außen auf die Erde gekommen sein. Aber wie? Die Wissenschaft vermutet, dass dies über Kometeneinschläge passiert ist. Kometen stehen im Verdacht, Träger dieses lebensspenden Stoffes zu sein. Und aus was bestehen Kometen zu größten Teil. **Aus Lehm**. Gott formte Adam aus einem Lehmklumpen. Damit schließt sich der Kreis.

Zwischenzeitlich ist aber bei uns auch eine geistige Erkenntnisevolution vorangeschritten, und wir wissen seit Galileo, Keppler und den anderen, die man als Ketzer verschmäht oder verbrannt hat, dass die Erde keine Scheibe unter einer Käseglocke ist. Sie ist eine Kugel, die um eine von unzählbar vielen Sonne eines relativ kleinen Spiralnebels kreist. Und die Zahl der Galaxien ist genauso unzählbar groß.

Dass es Leben auf einem Planeten geben kann, ist an einige Voraussetzungen gebunden. Ein Planet darf nicht zu viel aber auch nicht zu wenig Masse haben. Die Schwerkraft wird davon beeinflusst und hat damit Einfluss auf unsere Lebensfähigkeit. Entweder können wir uns nicht richtig am Boden halten oder wir können uns nur schwer bewegen. Das Zentralgestirn, also die Sonne, muss eine Bestimmte Größe haben. Ist sie zu groß, verbrennt sie alles. Ist sie zu klein, reicht ihre Wärme nicht aus und alles vereist. Diese Bedingungen gibt es nur in einer ganzbestimmten Zone im Abstand zu einer Sonne, die von ihrer Energieabgabe ein Leben in dieser Zone zulässt. Der Planet muss darüber hinaus über ein Magnetfeld verfügen, das die gefährlichen Bestandteile des Sonnenlichts von der Planetenoberfläche fern hält. Nicht zu vergessen Sauerstoff in der Atmosphäre in genau der Konzentration, die keinen Schaden anrichtet.

Die hier beschriebenen Voraussetzungen lassen sich sicherlich noch um einig nicht so leicht verständliche Voraussetzungen ergänzen. Sie gelten aber allesamt für ein Leben, so wie wir Leben definieren, wie wir es kennen.

Kann es denn in den unendlichen Weiten des Alls nicht einen oder mehrere vergleichbaren Planeten geben, für den die gleichen Bedingungen gelten. Sicherlich. Aber Formen von etwas vorhanden sind, was wir nicht als Leben verstehen, für das uns einfach die Begriffe fehlen, um ES zu beschreiben. Trotzdem kann ES etwas sein, was sich hervorhebt und so wie wir den Anspruch auf Einzigartigkeit stellt. Und nun ganz ketzerisch: auch einen Gott hat, unseren gemeinsamen Gott. Vielleicht erkennt ES uns auch nicht als Lebensform, weil wir so anders sind und nicht in sein Vorstellungvermögen passen. Weil auch dieses **ES** genau den gleichen Einschränkungen in der Erkenntnis unterliegt wie wir selbst

Einsam im Weltall ?

Ziemlich unbedeutend ist unsere Erde, im Vergleich zu der restlichen Schöpfung, dem Weltall. Da fällt es dem aufgeklärten Zeitgenossen schon schwer, sich Gott als den älteren Herren mit muskulösem Oberkörper, a` la Coanen Arnold Schwarzenegger der Zerstörer, vorzustellen. So hat ihn, Gott, Michelangelo ihn in der Sixtinischen Kapelle gemalt hat[16].

Warum ist Gott ein Mann. Warum keine Frau?

Er ist keines von beiden, denn er muss sich ja nicht fortpflanzen, gar reproduzieren.

Ihn zu leugnen, nur weil wir uns das nicht vorstellen können, bringt uns auch keine innere Ruhe. Und schafft ihn schon gar nicht ab.

In den Predigten der heutigen Kirchen findet man immer häufiger den Hinweis, dass Gott in uns ist. Oft wird auch davon gesprochen, dass er in uns wohnt. Er hat also keine materielle Gestalt, was das Verständnis der Welt und der Welt, in der sich unsere Galaxie befindet, stärkt.

Wir wissen heute, dass der Himmel nicht über uns ist. Die Hölle ist auch nicht unter uns, sie ist manchmal auf der Erde und nicht erst wenn wir gestorben sind. Ich habe sie Jahrzehnte lang in meinem persönlichen Leben kennen lernen müssen. Wenn wir die täglichen Nachrichten verfolgen, so werden wir die Hölle an den

---

[16] Die Erweckung Adams, DeckenFresko in des Sixtinischen Kapelle

unterschiedlichsten Stellen der realen Welt ausmachen können.

Wir hoffen nach unserem biologischen Tod, so etwas wie ein Bewusstsein wieder zu erlangen. Wir verknüpfen daran die Hoffnung, die Kommunikation mit denen, die wir von der Erde her kannten, irgendwie wieder aufnehmen zu können. Das ist unser moderner kindlicher Glaube, der die naturbedingten Gegebenheiten beüberwindet.

Aber genau so wenig wie wir die Existenz Gottes logisch leugnen oder beweisen können, so können wir uns auf ein Leben nach dem Tod, das irgendwie noch irdischen Charakter hat, verlassen, es aber auch nicht ausschließen.

Davon später mehr.

Die Existenz Gottes erklärt sich durch sich selbst.

Die Grenzen unserer Erkenntnisfähigkeit

Habe nun, ach! Philosophie,
Juristerei und Medizin,
Und leider auch Theologie
Durchaus studiert, mit heißem Bemühn.
Da steh ich nun, ich armer Tor!
Und bin so klug als wie zuvor;[17]

Wir müssen einfach lernen, dass wir eben nicht alles erkennen können. Jedem Lebewesen sind Grenzen der Erkenntnis gesetzt. Sie liegen dort, wo das Wissen nicht mehr erforderlich ist, den Fortbestand der eigenen Art sicherzustellen. Wir Menschen, die wir davon überzeugt sind, dass wir die Krönung der Schöpfung sind, sind doch nur die Spitze der Nahrungskette. Ist etwa Töten ein Prinzip unseres Lebens? Wir töten die, welche nach uns in der Nahrungskette stehen. Die wiederum die nächst folgenden.

Wir sind sogar so weit entwickelt, dass wir in der Lage sind, unseren Planeten derart zu verwüsten, dass er unbewohnbar werden kann. Dann müsste unsere Art auf andere Himmelskörper ausweichen können, wo auch immer die im Universum als Ort der Schöpfung liegen und unsere Anforderungen an die erforderlichen Lebensbedingungen erfüllen.

---

[17] FUAT; DER Tragödie erster Teil. Eingangsmonolog des Faust.

Vielleicht hat Gott auch über die Evolution uns mit den Fähigkeiten ausgestattet unseren Lebensraum auch selbst zu gestalten.

Vielleicht tut er das noch. Vielleicht sollen wir aber nicht alles machen was möglich ist. Zurzeit sind wir dabei unseren Planeten nachhaltig zu schädigen. Die Schäden überlassen wir dann unseren Urenkeln, die dann diese Probleme nicht mehr lösen können, und der Weg des Aussterbens der menschlichen Art eingeleitet wird, zusammen mit den ihr anverwandten Arten.

Wenn wir diesen Ort denn dann nicht finden, ist unsere Evolution zu Ende, dann wird unsere Art zu einer Fehlentwicklung. Wir wären nicht die erste. Eine von vielen in der Unendlichkeit von Zeit und Raum. Es liegt an uns und damit an jedem einzelnen, unserem Leben einen Sinn zu geben. Den Sinn, dass unsere Art und damit viele andere, die von uns abhängen, zu erhalten.

Das ist unser Auftrag:
„Macht Euch die Erde Untertan"

Nicht zerstört sie. Entwickelt sie weiter.

Das Ende der Erkenntnis

Wir erkennen, im Sinne von sehen und begreifen, nicht alles was vorhanden ist. Das was wir nicht erkennen, kann trotzdem existent sein. Da wir es nicht zum persönlichen Überleben und zum unmittelbaren Erhalt unserer Art brauchen, ist es nicht notwendig, zu verstehen oder zu sehen. Und trotzdem ist es vorhanden. Die eingangs erwähnte Rinderzecke kennt nicht die Pyramiden von Gizeh, weiß nichts von Ihnen. Und trotzdem gibt es sie.

Auch Stephen Hawkins, einer der genialsten Wissenschaftler und Astrophysiker unserer Zeit, unterlag dieser Begrenzung. Mit Hilfe der Mathematik lässt sich etliches weiter erklären, was dem Normalbürger verschlossen bleibt, eine Methode welche die überwiegende Zahl der Menschen nicht verstehen kann. Aber auch jenseits der mathematischen Erklärung können Fakten liegen, die wir nicht sehen können und damit auch nicht erklären. Und trotzdem können sie existent sein.

Ein triviales Beispiel soll dies verdeutlichen.

Stellen Sie sich vor:

Sie stehen 2 Meter entfernt vor einer Tür. Sie wissen dass Tür vorhanden ist. Sie vermuten dass dahinter etwas ist. Jetzt versuchen sie sich der Tür zu nähern. Im ersten Schritt um einen Meter, dann um 50 cm, dann um 25 cm, dann um 12,5 cm. D.h. Sie verringern also den Restabstand zur Tür um die Hälfte des jeweils vorherigen Schritts. Spätestens, wenn die Strecke die Sie zurücklegen dürfen, Ihre Schuhgröße unterschreitet, können Sie sich nicht mehr körperlich der Tür nähern. Mathematisch können Sie unendlich oft die zurücklegbare Strecke, um die Hälfte der unmittelbar vorherigen verkürzen. Sie kommen auf diese Weise der Tür beliebig nahe, ohne sie jemals tatsächlich zu erreichen.

Sie werden diese Tür so nicht öffnen können, um damit zu erfahren, was dahinter liegt.

Nach Stephen Hawkins dehnt sich das Universum ständig und unaufhaltsam mit steigender Geschwindigkeit aus, ohne jemals an seine mögliche Grenze zu gelangen. Der Unterschied zur Tür aus unserem trivialen Beispiel ist, dass man die Tür sieht, beim Universum wissen wir nicht, ob da eine Tür ist. Die Wissenschaft kann aber auch nicht widerlegen, dass es eine gibt. So etwas wie eine Tür.

Je mehr Fragen die Wissenschaft beantworten kann so gilt auch hier, dass jede Antwort eine neue Frage entstehen lässt. Manchmal auch mehr als eine Frage.

Dort, wo unsere Vorstellungskraft nicht ausreicht Erkenntnisse zu erweitern, kann die Mathematik weiter helfen. Hier wird das Unvorstellbare in Zahlen und Formeln ausgedrückt. Diese Fähigkeit bleibt jedoch der größten Zahl der Wissbegierigen verschlossen. Aber auch die Möglichkeit dieser Erkenntnis ist endlich.

Der Glaube ist die Fortsetzung der Wissenschaft

Dort wo die Erkenntnisfähigkeit der Wissensschaft endet, beginnt der Glaube. Dazu muss aber jeder Einzelne bereit sein, diese Fortsetzung zu akzeptieren und auf stichhaltige Positivbeweise verzichten. Dafür wissen wir aber, dass der entsprechende Negativbeweis auch nicht erbracht werden kann.

Für mich ist wichtig, dass niemand nachweisen kann, dass es Gott nicht gibt. Niemand kann widerlegen, dass Gott nicht nur für unsere relativ unbedeutende Erde zuständig ist, sondern auch für andere Welten mit Lebensformen, die wir uns nicht vorstellen können, die wir als solche nicht akzeptieren. Sie könnten ganz anders sein als wir. Auch an diesen Orten hat Gottes Werkzeug, die Evolution, das Leben gestaltet, in dem es sich an die dort herrschenden Verhältnisse angepasst hat.

Was den Normalbürger betrifft, so ist die Menge seiner Erkenntnisse schon heute erreicht. Dafür hat uns Gott aber die Möglichkeit des Glaubens gegeben. Verbunden mit dem Wissen, dass das Ganze nur durch seine Teile existiert. Jedes Teil ist wichtig, überall im Universum. Gott ist das Ganze, und wir sind ihm wichtig, weil wir ein Teil von ihm sind. Und weil wir uns das nicht so recht dreidimensional vorstellen können, hat Gott uns die Möglichkeit des Glaubens geschenkt. Wenn der Glaube tief genug ist, kommt er in seiner Wirkung bewiesenen Tatsachen gleich. Das passiert aber nicht von selbst, das müssen wir uns erst erwerben.

Die Vorstellung, was mit uns nach unserem Tode passiert, ist damit aber nach alt hergebrachter Vorstellung überholt. Warum sollten wir als Mann und Frau in einer parallelen

Welt im Irgendwo wieder neu existieren und all das neu und ewig erleben, was uns auf der Erde Freude bereitet hat. Wir müssen uns an diesem Ort nicht mehr vermehren, und damit sind all die Triebe der irdischen Existenz nicht mehr erforderlich. Wir benötigen auch keinen Körper, der als biologische Chemiefabrik uns am Leben erhielt, in dem er die Inhaltsstoffe unserer Nahrung verwertbar machte.

Es wird ganz anderes sein und schließt nicht aus, dass das, was wir als personengebundene Bewusstsein (cogito ergo sum)[18] zu Lebzeiten kennen, in eine andere Form mitnehmen können. Hier hilft uns nur der Glaube, gestützt durch die Erkenntnis, dass nichts zufällig passiert. Alles läuft nach einem bestimmten Plan ab. Wir geraten immer wieder an Punkte in unserem Leben, an denen wir zwischen zwei oder mehr Möglichkeiten entscheiden können, welchen Weg wir gehen wollen. Oft müssen wir zwischen Gut und Böse entscheiden, aber nicht zwangsläufig, oftmals haben wir die Wahl zwischen guten Wegen, nie zwischen zwei schkechten.

Da es außer unserer Existenz und deren Erhalt eigentlich keinen direkt erkennbaren Sinn für unser individuelles Leben gibt, so ergibt sich aber alleine aus dieser Tatsache dann doch einen Sinn, muss es einen Sinn geben. Auch wenn wir diesen Sinn in unserer Begrenztheit nicht erkennen, ja gar nicht in der Lage sind, ihn zu erkennen.

Warum sollte der Schöpfer des Universums diesen riesigen Aufwand betrieben haben?

Nur so zum Spaß?

---

[18] Descartes: Existenzbeweis

So wie jede Arbeiterin im Ameisenhaufen eine Aufgabe hat, die sie aber nur in der Gemeinschaft mit anderen ausüben kann, so ist auch von uns ein jeder wichtig in einem übergeordneten System, das wir nicht erkennen können noch erkennen brauchen. So wie die Ameise nichts von den ägyptischen Pyramiden weiß, nicht die Tiefsee kennt oder weiß für was oder warum Erdöl wichtig ist, so können auch wir nur das an unserer Umwelt erkennen, was wir zum überleben, zum Erhalt unserer Art und der von uns Abhängigen benötigen.

Wenn die Erhaltung unserer Art, der Sinn unseres Lebens ist, so hat Gott selbst diese Aufgabe definiert. Damit wir dieser Aufgabe nachkommen können, müssen wir uns vermehren, fortpflanzen.

Und damit wird der SEX auch zum beherrschenden Sinn unseres Lebens.

Und wo bleibt nun Gott?

ER ist all das, in dem alles eingebettet ist. Wir können ihn zwar nicht beweisen, aber ohne ihn gäbe es nichts, uns eingeschlossen. Hätte nicht das geringste Teil einen Sinn, eine Aufgabe.

Und damit wird der **GLAUBE** zur **Gewissheit**.

Niemand kann das Gegenteil beweisen.

Das ist zwar jetzt alles ganz anders, als wir uns das immer kindlich vorgestellt haben. Kein Paradies mit grünen Bergwiesen über welche die Seelen wandeln. Und schon gar keine Jungfrauen, die auf den Selbstmordattentäter warten. Es gibt aber auch keine Hölle in der die Sünder geschmort werden.

Das ist nun schon mal eine gute Nachricht.

Die Hölle eines schlechten (sündigen) Individuums Mensch wird sein, dass er in der letzten Sekunde seines Bewusstseins erkennt, dass sein Leben noch nicht einmal den Wert einer Arbeiterin im Ameisen Staat hatte. Und wenn die Nachwelt an ihn denkt, dann nur mit Abscheu.

Wenn wir nun heute nicht mehr den kindlichen Glauben haben können, so ist das der Preis dafür, dass die Evolution, und damit ist GOTT gemeint, uns zur Krönung der Schöpfung gemacht hat. Glücklich ist jeder, dem es gelingt seinen kindlichen Glauben sich ganz oder in Teilen zu bewahren. So gesehen sind die Alten, welche in Demenz versunken sind, die Glücklichen. Sie können in einer wiedergewonnenen kindlichen Welt ihrem physischen Ende entgegen sehen. So gesehen ist Demenz für den Betroffenen gar nicht so schlimm. Die Angehörigen empfinden dies als Belastung. Wenn ein Vater oder eine Mutter die Kinder nicht mehr erkennen. Solange der demente Mensch, nicht leidend, einen zufriedenen, manchmal sogar einen glücklichen Eindruck macht, sollten die Angehörigen Gott dankbar sein und die Demenz als Gnade auffassen.

Unsere Angst vor dem Sterben ist notwendig, damit wir solange wie nötig unsere Aufgaben, welche es auch sein mögen, erfüllen können. Wir achten auf uns, schützen und pflegen unseren Körper als Träger unserer Persönlichkeit. Dann aber, so wissen viele Nahtoderfahrungen zu berichten, überkommt uns ein Glücksgefühl und wir können ohne Angst los lassen. Die, die wir unsern kindlichen Glauben verloren haben, haben dafür die Gewissheit in einer anderen Form wiederum Bestandteile eines Ganzen zu werden.

So wie wir als irdische Teile des irdischen Ganzen neben einem globalen auch ein individuelles Bewusstsein hatten, durch das wir mit anderen in Beziehung treten konnten, erwarten wir, erhoffen wir, vergleichbares in dem, das wir die Ewigkeit nennen, anzutreffen. Es gibt keinen Grund, dies auszuschließen.

Die Ewigkeit ist Gott.

Wir dürfen daran glauben.

Über den Autor

Der Autor H.W. Michaelis hat über seine Kunstfigur Wilm über den Sinn des Lebens reflektiert. Er vergleicht dabei das Gottesbild des Alten Testaments mit dem im Neuen Testament geprägten. Er versucht ein Gottesbild zu finden, welches mit den Erkenntnissen des 19-ten und 20-ten Jahrhunderts in Einklang zu bringen und zu verstehen welche Stellung, die Menschen darin einnehmen, wie sie ihren Glauben wiederfinden können.

Er kommt auch zu dem Schluss, dass die Evolution Gott nicht abgeschafft hat, wie Darvins Anhänger frohlockten, als der Forscher seine Hauptwerk vorstellt. Im Gegenteil, die Evolution ist das Werkzeug Gottes das er gebraucht, um die Spitze der Nahrungskette herzustellen. Ist dies Spitze mit dem Menschen schon erreicht?

Printed in Great Britain
by Amazon